Dhammaan Midabada Dhulka

All the Colours of the Earth

SHEILA HAMANAKA

MANTRA LONDON

Somali Translation by Adam Jama

First published in 1994 by William Morrow and Company Inc.,
1350 Avenue of the Americas, New York, NY 10019.

Mantra Publishing Ltd
5 Alexandra Grove
London N12 8NU

To Suzy and Kiyo and all the other children of the earth

Carruurtu waxay ku yimaadaan midabada dhulka oo dhan

Children come in all the colours of the earth -

Sida kutida (diibka) jibaadda ee bunniga ah iyo
gorgorka hawada sabeeya,

The roaring browns of bears and soaring eagles,

Ama caws caddaaday oo xagaa dabayaaqadii jooga,

The whispering golds of late summer grasses,

Iyo caleemaha daatay ee camaajiirta ah,

And crackling russets of fallen leaves,

Sida alalaxeyda basaliga ah ee joogta badda dhinaceeda.

The tinkling pinks of tiny seashells

by the rumbling sea.

Carruurtu waxay ku yimaadaan timaha naylaha oo kale,
Children come with hair like bouncy baby lambs,

Ama timo sida biyaha u seexda,

Or hair that flows like water,

Amaba timo afro ahoo u laabma sidii bisad hurudda.
Or hair that curls like sleeping cats in snoozy cat colours.

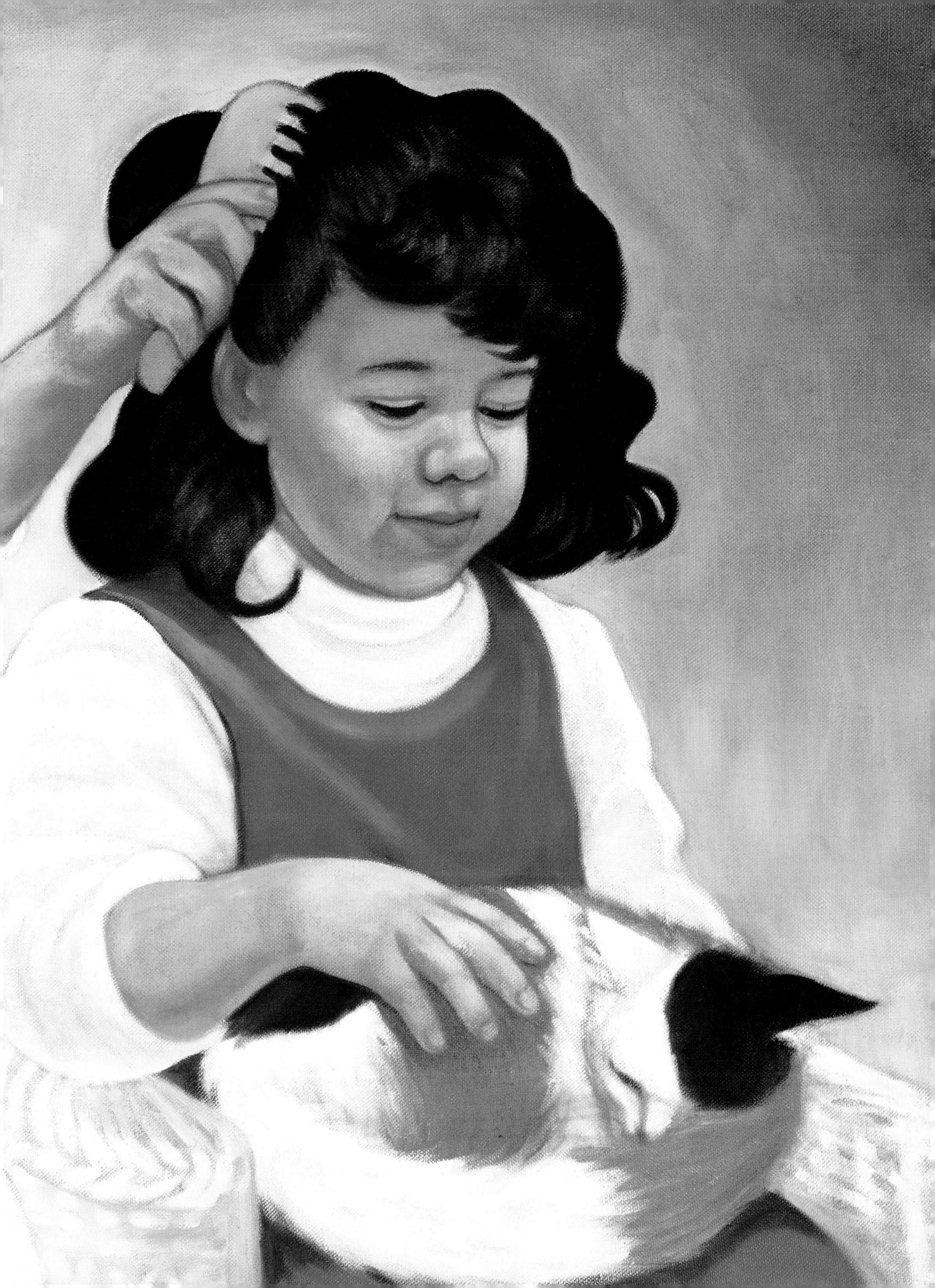

Children come in all the colours of love,
In endless shades of you and me.

Carruurtu waxay ku yimaadaan midabada jacaylka oo dhan,
Midabo aan la soo koobikarin sida kaygiyo kaaga.

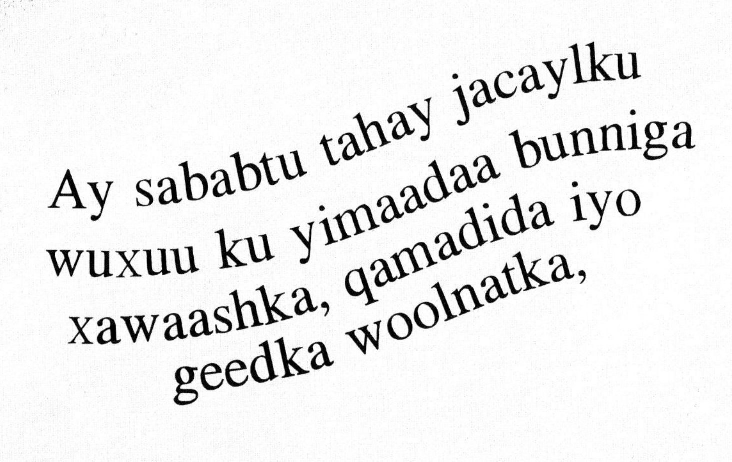

Ay sababtu tahay jacaylku
wuxuu ku yimaadaa bunniga
xawaashka, qamadida iyo
geedka woolnatka,

For love comes in cinnamon,
walnut, and wheat,

Jacaylku waa huruudi, midabka fool-maroodiga
ama geedka jiiraha, waana macaan,
Love is amber and ivory and ginger and sweet

Sida macaanka kaaramel iyo jaaklaydhka ama kan malabka shinnida.

Like caramel, and chocolate, and the honey of bees.

U madow sida baraha harimacadka ama u
cad sida tammuuxda,

Dark as leopard spots, light as sand,

Carruurtu waxay la hudmaan qosol kaasoo
dhunkada carrigeenna,
Children buzz with laughter that kisses our land,

Sida cadceedda oo haysa balanbaalis madaxbannaan
oo faraxsan,

With sunlight like butterflies happy and free,